DEUTSCHE EIN-HEIT = STEUER-ER-HÖH-UN-GEN
„DAS GENÜGT, BIS ZUR BUNDESTAGSWAHL TUT'S NOCH IHRE ALTE BRILLE!"
WELTWIRTSCH. GIPFEL 1989
BLA BLA
„... GLEICH GEHTS UNS BESSER!"
GESUNDHEITS-REFORM
BALL DER GESAMTDEUTSCHEN HERZEN
RECHNUNG
„GRAD WARST DU NOCH VIEL LUSTIGER, BUBI!"
TSCHERNOBYL UND DIE FOLGEN
„GOTT SEI DANK IST DAS WEIT WEG!"
DM
DDR-WIRTSCH. SYSTEM
OTTAWA

Von ungezählten Leserinnen und Lesern wissen wir, daß sie die nun vorliegende Haitzinger-Ausgabe 1990 mit besonderer Ungeduld erwartet haben. Und wir sind ganz sicher, daß sie beim Durchblättern des Büchleins nicht enttäuscht sein werden. Allzu vieles hat sich nach Veröffentlichung der letzten Ausgabe im Spätherbst 1989 ereignet und verändert. In der weiten Welt und unmittelbar vor unserer »Haustür«. Umwälzungen gab es, die zumindest in diesem Ausmaß niemand für möglich gehalten hätte. Ein fruchtbares Tätigkeitsfeld für einen Satiriker der Zeichenfeder wie Horst Haitzinger, der übrigens vor allem hinsichtlich der dramatischen deutsch-deutschen Entwicklung oft genug geradezu seherische Fähigkeiten bewiesen hat.

Seit weit mehr als einem Jahrzehnt ist der aus Österreich stammende und in München lebende Horst Haitzinger nun schon der Karikaturist unserer Zeitung. Seine Arbeiten, in denen er sich mit den Problemen unserer Welt kommentierend auseinandersetzt, sind stets das Ergebnis einer intensiven Beschäftigung mit dem jeweiligen Thema. Bewundernswert das Engagement, mit dem er das politische und gesellschaftliche Geschehen verfolgt und dann »sein« Thema in erstaunlich kurzer Zeit mit dem unnachahmlichen »Haitzinger-Strich« aufs Blatt bringt. Seine gezeichneten Kommentare haben ihm längst einen der ersten Plätze unter den Leitartiklern und Kommentatoren dieser Zeitung verschafft.

Doch nicht nur dem »großen« Geschehen gilt sein Augenmerk. Von Beginn an hat sich Horst Haitzinger den Blick für den Menschen in seiner unmittelbaren Umgebung, für ganz menschliche und allzu menschliche Situationen, bewahrt. Auch hier setzt er – mal ironisch-liebenswürdig, ein andermal ein wenig bissig, selten unmittelbar verletzend – alle Mittel ein, die seinem jeweiligen Ziel dienlich scheinen und die nur ein hochbegabter Künstler so souverän und differenziert zu handhaben versteht wie er.

Von Jahr zu Jahr wird seine Anhängerschar größer. Da wir das wissen, fiel uns die Entscheidung nicht schwer, unseren Lesern auch diesmal zum Jahresende wieder ein Büchlein mit den gelungensten Haitzinger-Karikaturen der vergangenen Monate vorzulegen. Die Auswahl bietet einen hochinteressanten Rückblick auf ein Jahr, das prallgefüllt war mit dramatischen Ereignissen. Wie der Künstler diese Ereignisse sah, daran möchte dieser Band gern noch einmal erinnern.

Oldenburg, im November 1990 — Hans-Gerd Bruns

Politische Karikaturen von Horst Haitzinger

Nordwest Zeitung

CIP-Titelaufnahme der Deutschen Bibliothek

Haitzinger, Horst:
Politische Karikaturen : [eine Auswahl von Veröffentlichungen aus den Jahren 1989/90] / von Horst Haitzinger. – München : Bruckmann, 1990
ISBN 3-7654-2257-6 Pp.

Umschlaggestaltung: H. Haitzinger
Fotos: Heinz Gebhardt
Eine Auswahl von Veröffentlichungen aus den Jahren 1989/90

Herstellung: Bruckmann München
Printed in Germany
ISBN 3-7654-2257-6

Der Sonderzug aus Pankow

»Joi, joi, Mama, jetzt sind die auch ab in den Westen!«

Prager Frühling

November 1989: Wie zuvor in Polen und Ungarn wird auch in der CSSR der Kommunismus per Revolution verabschiedet.

Die deutsche Wiedervereinigung

August 1989: Mit der über Ungarn laufenden Massenflucht aus der DDR in den Westen zeichnet sich der Anfang vom Ende des Honecker-Regimes ab.

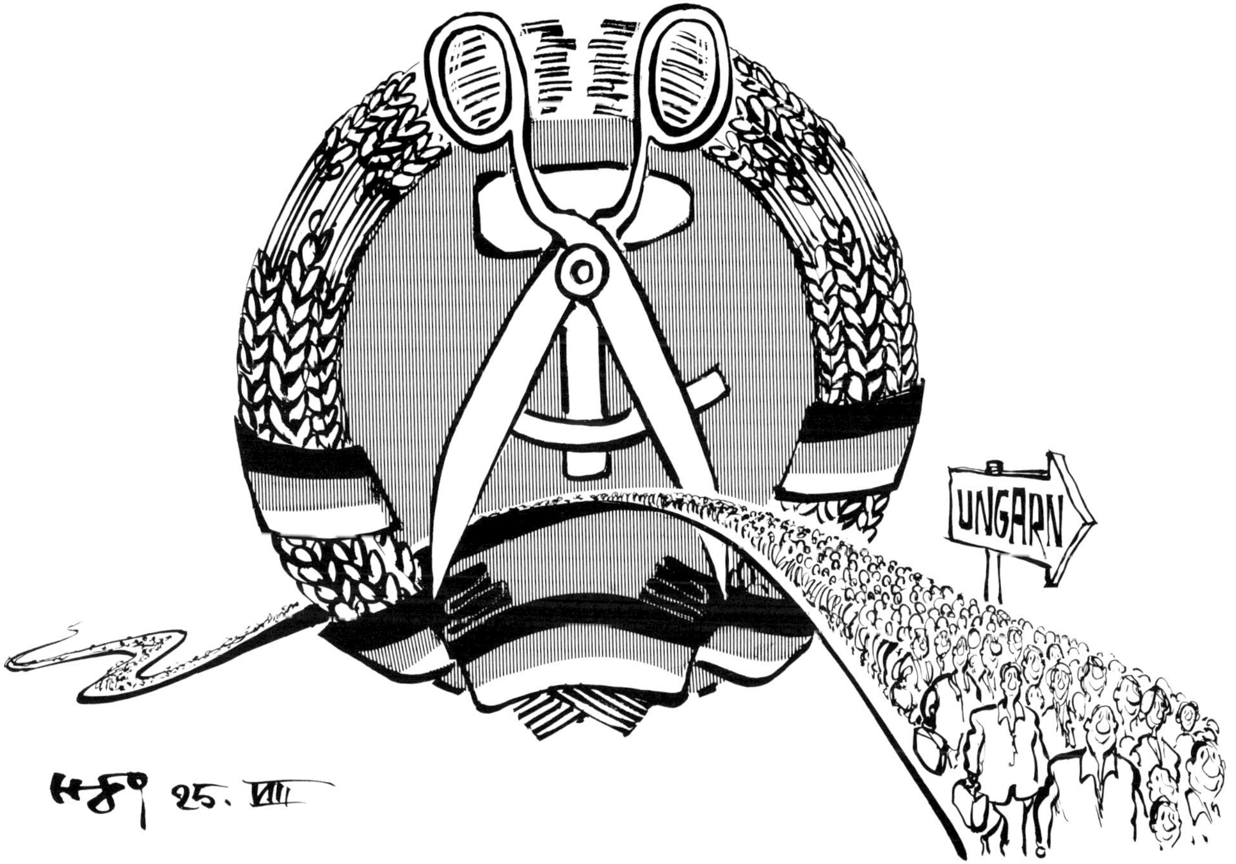

Der Weg nach Ungarn bleibt offen.

August 1989: Die bange Frage, wie lange bleibt das »Schlupfloch Ungarn« offen, veranlaßt viele DDR-Bürger, ihre vermeintlich letzte Chance wahrzunehmen.

Warte nur, balde...

»Das hängt hier nun schon Monate, ich verhäng's mal kurz hier rüber!«

Dezember 1989: Mit unsäglicher Brutalität versucht das Ceauşescu-Regime, seine Macht zu retten.

»Erich…, mir ist so, als wär da was!?«

Oktober 1989: Trotz unübersehbarer Signale aus dem ganzen »Ostblock« bleibt Honecker auf seinem stalinistischen Kurs.

DEN SOZIALISMUS IN SEINEM LAUF HÄLT WEDER OCHS NOCH ESEL AUF!
SOZIALISMUS
WIR DENKEN GAR NICHT DRAN
H89 16.VIII

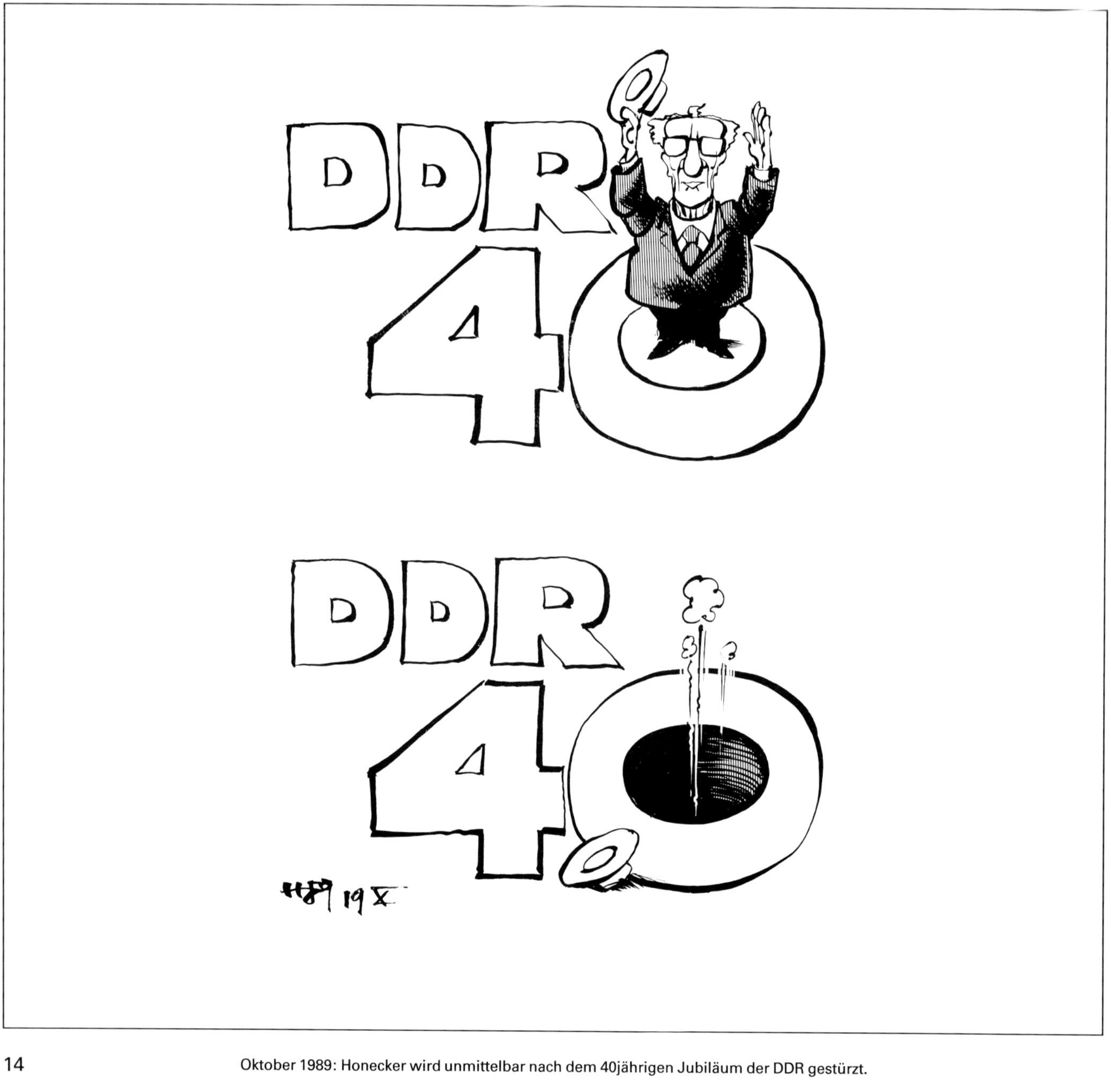

Oktober 1989: Honecker wird unmittelbar nach dem 40jährigen Jubiläum der DDR gestürzt.

Oktober 1989: Nach Honeckers Sturz gebärdet sich »Wendehals« Egon Krenz für einige Wochen als SED- und DDR-Erneuerer.

»... die ich *nicht* meine.«

Januar 1990: Die erste gesamtdeutsche Silvesterfeier nach Durchbruch der Berliner Mauer endet mit einem blutigen Unfall und im Vandalismus.

»Die Mauer ist leider schon alle!«

Januar 1990: Mauerbrocken sind ein begehrtes Souvenir.

Ein Gespenst geht um in Europa …

November 1989: Mit äußerst gebremster Begeisterung dementieren die westlichen Siegermächte Vorbehalte gegen die deutsche Wiedervereinigung.

»Wir sind so weit, Dachdecker Beeilung!!!«

Februar 1990: Politiker aller Parteien und Nationen betonen immer wieder die Notwendigkeit einer deutschen Einheit nur unter einem europäischen »Dach«.

»Das warst du, Gorbi, mit deinem hektischen Rumgetrampel!«

»Auf Kuba und in China soll's noch Lebendige geben!«

»Ich glaub', ich krieg' Heimweh.«

 September 1989: Noch größere und schnellere Protzmodelle denn je präsentiert die Internationale Automobilausstellung in Frankfurt.

»Wegen der Wohnungsnot drücken wir noch mal ein Auge zu, gell!«

Es klappern die Mühlen…

Januar 1990: Mit dem Hinweis auf wiedererstarkende neonazistische Umtriebe versucht die abgewirtschaftete SED, die Notwendigkeit ihres Machterhalts zu rechtfertigen.

»Man muß flexibel sein in diesen Tagen!«

Januar 1990: SED-Ministerpräsident Hans Modrow ist der Konkursverwalter des bankrotten SED-Regimes.

Die SED bittet um Hilfe.

November 1989: Die noch amtierende SED-Regierung verknüpft Bonns Hilfsangebote mit Bedingungen.

»Was ist denn jetzt immer noch nicht demokratisch genug!«

Januar 1990: Die SED nennt sich nach ihrer Neugründung PDS (Partei des Demokratischen Sozialismus).

März 1990: Auch nach der friedlichen DDR-Revolution bleiben die Spätfolgen der einst allmächtigen Stasi-Herrschaft gegenwärtig.

Damoklesakte

Genauere Betrachtung eines Erinnerungsfotos

Juni 1990: Bereits bei Honeckers Besuch in Bonn lagen Hinweise vor, daß der SED-Staat Terroristen Unterschlupf gewährt.

Die Michael-Diestel-Show

Juni 1990: In der DDR werden reihenweise bis dahin vom Stasi unterstützte RAF-Terroristen verhaftet.

»Guden Morgen Herr Gohl, wenn Sie demnächst nach Berlin rübermachen, wird hier doch 'ne Wohnung frei...?!«

Februar 1990: Berlin kommt wieder als zukünftige Hauptstadt Deutschlands ins Gespräch.

Westdeutsches Chirurgenteam leistet Erste Hilfe!

Januar 1990: Der Wahlkampf in der DDR wird von West-Politikern dominiert.

Jeder trage des anderen Last.

März 1990: Lothar de Maizière wird der erste, frei gewählte CDU-Ministerpräsident der DDR.

»Bedaure, aber wir können weder für Ihren Waldi noch für Ihren Hansi ein Umtauschkonto eröffnen!«

Juni 1990: Der DM-Umtauschkurs 1:1 veranlaßt die DDR-Bürger zu einer ausgeklügelten Konten-Umverteilung innerhalb ihrer Familien.

»Ich denke, so treten wir unseren Regierungsbrüdern in der DDR ebenbürtig entgegen!«

April 1990: In der neugebildeten DDR-Regierung findet sich ein auffallender Anteil an Theologen und Pfarrern.

»...ist etwas weiter rechts!«

Juli 1990: Die DDR-Schwesterpartei der CSU, Deutsche Soziale Union (DSU), wird wegen angeblich rechtsradikaler Tendenzen von prominenten Mitgliedern verlassen.

Leopard 90

April 1990: Aufgrund der neuen politischen Lage wird der Rüstungsetat gekürzt.

»Ich denke, die neue Aufgabenstellung der NATO ist klar!«

Juli 1990: Während auf dem NATO-Gipfel in London nach einem neuen Selbstverständnis des militärischen Bündnisses gesucht wird, rächen sich britische »Hooligans« für die Niederlage bei der F. W. M. gegen Deutschland mit pogromähnlichen Ausschreitungen.

Ausgestreckte Hände

November 1989: Bundeskanzler Kohl reist nach Polen.

»...ich denk' doch da schon viel weiter, Frau Hamm-Brücher!«

Februar 1990: Die FDP-Politikerin Hildegard Hamm-Brücher fordert von Kanzler Kohl endlich eine klare Anerkennung der Oder-Neiße-Grenze.

»Oh Gott, alle seine guten Geister...«

März 1990: Mit Befremden wird im In- und Ausland ein Vorschlag Helmut Kohls aufgenommen, die Anerkennung der polnischen Westgrenze mit eventuellen polnischen Entschädigungsforderungen zu verrechnen.

»Also, 'ne Frühgeburt ist es nicht!«

Juni 1990: Bundestag und DDR-Volkskammer beschließen in gleichlautenden Deklarationen die endgültige Anerkennung der Oder-Neiße-Grenze.

»Oh, Mister Kohl auf dem Weg zur Einheit!«

Der Stamm fällt nicht weit von den Äpfeln.

Februar 1990: In der UdSSR wird der alleinige Führungsanspruch der KPdSU aus der Verfassung gestrichen.

»Oh Gott, der auch noch!«

Januar 1990: In den islamisch geprägten transkaukasischen Sowjetrepubliken kommt es zu bürgerkriegsähnlichen Unruhen.

Gorbalix' Zaubertrank

März 1990: Michail Gorbatschow versucht mit einer neuen Verfassung und dem neugeschaffenen Präsidentenamt seine Macht zu festigen.

Rotkäppchen auf russisch

März 1990: Litauen erklärt als erster der baltischen Staaten seinen Austritt aus der UdSSR.

»Der Herr haben ein Taxi bestellt!«

März 1990: Moskau versucht, mit verstärkter Militärpräsenz Litauen zur Rücknahme der Unabhängigkeitserklärung zu bewegen.

Ende der Reise?

April 1990: Moskau verhängt Wirtschaftssanktionen über Litauen.

»Sei klug, gib's mir zurück!«

März 1990: Der Konflikt zwischen Litauen und Moskau entwickelt sich vor allem zu einer Prestigefrage für die ohnehin schon krisengeschüttelte Zentralmacht.

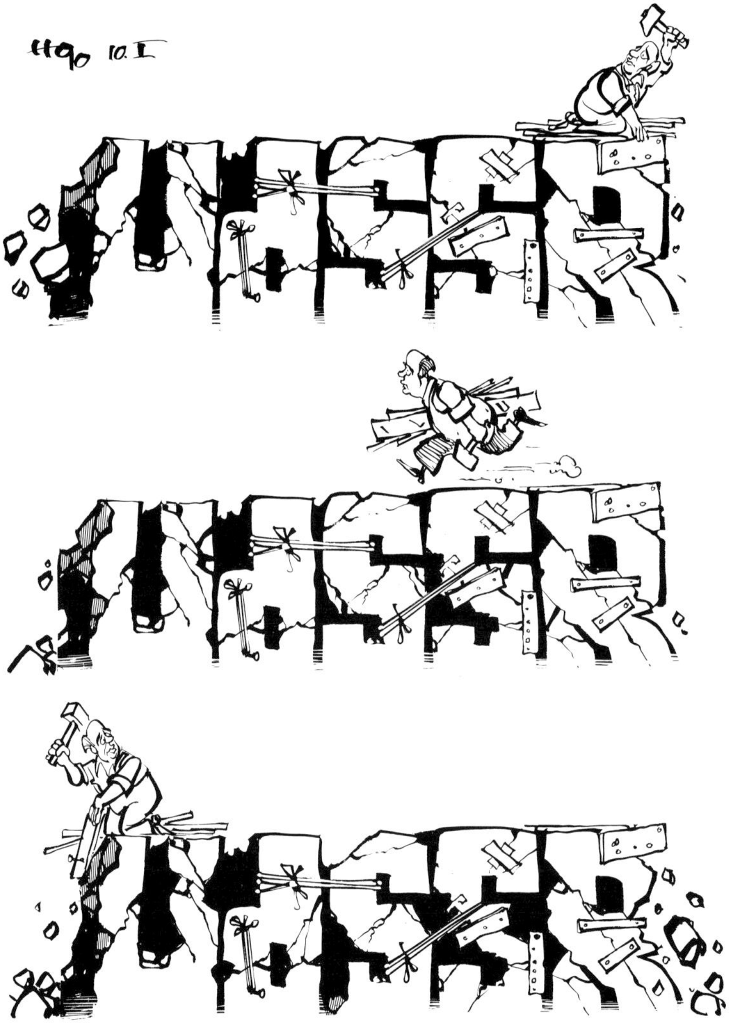

Zar und Zimmermann

5 Jahre Gorbi

März 1990: Michail Gorbatschow ist seit 5 Jahren an der Macht.

»Wir bestehen ja gar nicht darauf, daß das Ding auch noch fliegen muß!«

»Kopf hoch, ich erledige es für euch.«

September 1989: Die UdSSR und die USA einigen sich auf eine drastische Reduzierung ihrer Chemiewaffen.

»Is' was?«

März 1990: Auf der Nordseeschutzkonferenz wird Großbritannien als der intensivste Verschmutzer der Nordsee kritisiert.

»Ja super! Der vertrocknete Bush treibt!«

Februar 1990: Präsident Bush ergreift nach langer Zurückhaltung in der Abrüstungspolitik die Initiative.

»Ach, hab' ich mich verlaufen?«

Januar 1990: Mit militärischen Übergriffen auf ausländische Vertretungen in Panama provozieren die USA heftige internationale Kritik.

Gangsterjagd

Dezember 1989: Mit einer an Menschenopfern reichen und völkerrechtlich bedenklichen Militäroperation bemüht sich Präsident Bush um die Beseitigung des kriminellen Noriega-Regimes in Panama.

»Alles einsteigen Freunde, es fährt kein anderer!«

September 1989: Auf dem Parteitag der CDU gibt es keine Alternative zu Helmut Kohl.

Ein kapitaler Bock

August 1989: Der Kanzler trennt sich von seinem langjährigen Generalsekretär Heiner Geißler und löst damit heftige parteiinterne Kritik aus.

»Lothar?«

September 1989: Nach seiner Kritik am Kanzler verliert Lothar Späth sein Amt im CDU-Parteivorstand.

Cleverles härtere Gangart!

September 1989: Nach seiner Niederlage kündigt Lothar Späth gegenüber der Bonner CDU eine »härtere Gangart« an.

Schlüsselerlebnis

Januar 1990: Oskar Lafontaine besiegt im saarländischen Landtagswahlkampf den Herausforderer Klaus Töpfer.

Herausforderer und Platzhirsch!

Januar 1990: Oskar Lafontaine wird Kanzlerkandidat der SPD.

Die Kuh auf dem Eis

Mai 1990: Oskar Lafontaines »Nein« zum von der Bundesregierung ausgehandelten Staatsvertrag bringt in erster Linie die SPD in Verlegenheit.

Zauberkünstler Oskar

Mai 1990: Lafontaines Empfehlung, den Staatsvertrag im Bundestag abzulehnen und im Bundesrat passieren zu lassen, stößt auf heftige Ablehnung innerhalb der SPD.

Halbfinale

Juni 1990: Lafontaines Manöver um den Staatsvertrag bleibt vorerst ein parteipolitisches Eigentor.

»Ich denk', mit dem Großen warten wir noch ein bißchen.«

 August 1989: Bei Reinigungsarbeiten abhanden gekommene Kugellagerteile verursachen eine vorübergehende Stillegung des Reaktors Isar I.

»Der ist nämlich billiger!«

April 1989: Mit der Stillegung des Hochtemperaturreaktors in Hamm-Uentrop existiert eine weitere Milliardenruine der Atomindustrie in der Bundesrepublik.

Der Startschuß

1. Juli 1990: Die Währungsunion zwischen Bundesrepublik und DDR tritt in Kraft.

STAATS-VERTRAG
SPD
WÄHRUNGSUNION EINHEIT
WUNSCH-DENKEN & UNGEDULD
„HURRA, ICH HEB GLEICH AB!“
KPdSU XXVIII
PARTEI-SPALTUNG
EIN GESPENST GEHT UM IN MOSCAU...
EUROPÄISCHE SICHERHEITSPOLIT.
DDR DDR DDR DDR
BRD BRD BRD
„WIESO, WIR SIND DOCH HIER SO GUT WIE ZU HAUSE!“
EG
ÖSTER-REICH
VEREINIGUNGSRASER STOP!
BONN BERLIN
LIEGEN BLEIBEN, OSKAR!